Pierre Léon

Pigou, Fiflard et compagnie

Éditions des Plaines
C.P. 123
Saint-Boniface (Manitoba)
R2H 3B4

Du même auteur :
Grepotame, poèmes et dessins, 250 drôles d'animaux croisés, Nathan, Paris, 1981. (Prix Loisirs Jeunes, Paris)
Les Voleurs d'étoiles de Saint-Arbrousse-Poil, contes, Leméac, Montréal, 1982
Le mariage du Petit Chaperon Rouge, à paraître
Crocogourou, Canadian Scholars' Press et Les Éditions du Soleil, Welland, 1992

Illustrations : Pierre Léon

Données de catalogage avant publication (Canada)

Léon, Pierre (Pierre R.A.)
Pigou, Fiflard et compagnie

ISBN 2-921353-19-9

1. Titre.

PS8573.E65P54 1993 jC843'.54 C93-098103-0
PZ23.L46Pi 1993

Dépôt légal : 2e trimestre 1993, Bibliothèque nationale du Canada et Bibliothèque nationale du Québec

Directeurs : Annette Saint-Pierre et Georges Damphousse

À Séverine,
que Pigou, Fiflard et tous les autres
se sont tant réjouis de voir arriver
dans la merveilleuse forêt des contes.

Elle a fait
d'un hiver de neiges
un printemps de bonheur.

Table des matières

Chapitre 1

Merlin, le pauvre sabotier de Saint-Arbrousse-Poil

Merlin faisait des sabots. De très beaux sabots. Des sabots de bois sentant bon la forêt de chênes de Saint-Arbrousse-Poil. Du matin au soir, Merlin fendait de grosses billes de bois à coup de merlin! Puis, il les coupait, recoupait, taillait, retaillait. À coups de plane, il les façonnait, à coups de gouge, il les creusait. À la fin des fins, les gros morceaux de bois informes étaient devenus de jolis sabots. Tout le monde disait qu'il les faisait si bien, qu'il n'y avait rien de si bien; qu'il les faisait si juste, qu'il n'y avait rien de plus juste.

Seulement voilà, Merlin ne vendait plus de sabots. Des gros sabots solides comme ceux des paysans du village, personne n'en voulait plus... Ils avaient été remplacés par des grandes bottes de caoutchouc ou de plastique. Les jolis petits sabots de fantaisie que les filles étaient fières de porter autrefois, personne n'en voulait plus. Eux aussi avaient été remplacés par des bottes de caoutchouc ou de plastique. C'était une désolation.

Merlin n'avait même plus le courage de faire les jolis sabots noirs et vernis qui l'avaient rendu célèbre. Mais par habitude, il continuait à façonner des sabots de beau bois brut. Il aimait les toucher, les sentir, à mesure qu'ils prenaient forme entre ses mains. Ainsi les sabots continuaient-ils à s'accumuler dans l'atelier de Merlin qui ne savait plus où les mettre. Il y en avait déjà sur toutes les étagères, sur toutes les tables, accrochés à tous les murs. Et voilà que Merlin commençait à en faire des tas un peu partout; dans les couloirs de sa maison, dans sa cuisine, dans sa cour. Le grenier en débordait et, bientôt, on ne pourrait plus passer d'une pièce à l'autre.

Merlin se dit un soir :

– Il faut faire quelque chose. Cela ne peut plus durer. Je n'ai plus d'économies. Je ne vais pas manger mes sabots, si beaux soient-ils!

Toute la nuit, le pauvre Merlin pense à ses sabots. Il n'en dort pas. C'est alors qu'au petit jour, il aperçoit sur sa table de nuit un sabot noir et luisant qu'il s'était amusé à teinter et à vernir la veille au soir. Tout à coup, le sabot semble regarder Merlin d'un drôle d'air. Et plus Merlin regarde ce sabot noir et luisant, plus il le voit se redresser d'un air malin. Le bout pointu s'est transformé en un beau bec et le talon en deux pattes solides et fines. Tout le corps se dresse maintenant. C'est un oiseau! Un gros oiseau noir, au plumage lisse et brillant. Il s'étire et bat des ailes allégrement.

Ah! le bel oiseau! Il vient se percher sur la main de Merlin, ravi. Jamais il n'a vu si fier oiseau. Je vais lui donner un nom, se dit Merlin :

– Merle! pourquoi pas!

Merlin regarde ce sabot noir et luisant…

C'est ainsi qu'est né le premier merle – le merle à Merlin! Et Merlin en est enchanté!

Il se met à parler à son merle. Mais le merle a quelques difficultés de prononciation. Merlin ne peut guère y faire grand-chose avec sa gouge! Il a une idée.

– Si tu ne peux pas parler, essaie donc de siffler!

Merlin siffle un air que le merle reprend aussitôt! Voilà comment les merles ont appris à siffler.

Au début, ce n'était pas très simple. Le merle de Merlin a une bonne oreille, mais il a un peu tendance à siffler comme un sabot! Or, jusque-là, jamais un sabot n'avait sifflé correctement. Petit à petit cependant, les choses s'arrangent et notre merle devient vite expert en sifflage.

Merlin, qui n'a pas mangé depuis longtemps, a alors une idée affreuse.

– S'il mangeait son merle!

Un merle vaut bien un pigeon ou un poulet... Et la chanson que siffle Merlin prend un air qui inquiète le merle. Heureusement, le bon Merlin chasse ses mauvaises pensées. Il restera bien encore quelques jours sans manger... C'est alors que le merle reconnaissant pond une douzaine d'oeufs dans la casquette que Merlin a laissée sur une chaise. Il en pond trois autres en chocolat, pour le dessert de Merlin. Le merle siffle de son mieux :

Foilà fes feaux foeufs,
Fous fleus!
Fu feux les fofer,
Fou fon fi féfeufer!

– Quoi!? dit Merlin qui voit les oeufs mais ne comprend pas les paroles du merle. Et le merle reprend, vingt-trois fois, le même refrain, jusqu'à ce que Merlin enfin comprenne :

Voilà des beaux oeufs,
Tout bleus!
Tu peux les gober,
Pour ton petit déjeuner!

Il faut dire tout de suite que le merle n'est jamais arrivé à se corriger de *fiffler*, c'est-à-dire à remplacer toutes les consonnes, ou presque, par des *f*. Mais Merlin qui, dès le début s'est fait un petit dictionnaire de merlerie, ne tarde pas à comprendre parfaitement son ami le merle. Il arrive même à Merlin d'imiter si bien le merle que lorsqu'il rencontre un voisin dans la rue, il ne peut s'empêcher de lui dire :

– Fonfour, fonfieu Fufon!, au lieu de Bonjour, Monsieur Dupont!

Cela amuse bien les gens du village de Saint-Arbrousse-Poil qui, pour se distraire, parlent souvent merle entre eux! Et, un beau jour, ce qui devait arriver arrive, tout le monde ne parle plus que merle.

Pendant ce temps, notre merle continue à pondre des oeufs bleus que gobe Merlin tout heureux. Un jour, Merlin se dit qu'il va essayer de teinter de noir et vernir un autre sabot. Et, le lendemain matin, devinez qui est là? Un deuxième merle qui réveille Merlin.

Merlin lui apprend à siffler. Le merle, pour le remercier, va lui cueillir des baies sauvages dans les haies et les buissons : des mûres noires, des framboises écarlates et des myrtilles bleues. Merlin est enchanté de ses merles gourmands, moqueurs, mais bons compagnons et joyeux chanteurs.

Alors Merlin décide, tant il est heureux, de vernir tous ses sabots qui deviendront d'autres oiseaux.

– Felle fouleur? disent les deux merles. Oui, quelle couleur?

Merlin n'y a pas songé. Mais oui, pourquoi continuer dans le noir? Il se met donc à teinter de mille couleurs différentes les innombrables sabots qui encombrent sa maison. C'est ainsi que sont nés les merles blancs, les merles rouges, les merles bleus, les merles verts et les autres! Et c'est pourquoi on appelle la maison de Merlin, la merlerie.

Maintenant, tous les merles vivent joyeux avec Merlin, partageant cerises, bigarreaux, prunes, framboises, myrtilles, mûres et, bien entendu, les oeufs bleus des merles noirs, les oeufs verts des merles roses, les oeufs rouges des merles blancs et toutes les chansons des merles heureux en la merlerie de Merlin.

Chapitre 2

Un renard chez les merles

Un jour, pourtant, la belle harmonie de la merlerie est rompue. C'est que les renards de la forêt de Saint-Arbrousse-Poil ont entendu parler des merles de Merlin. Or, les renards sont de grands étripeurs et mangeurs d'oiseaux. Le plus malin de ces renards, un certain Pigou, décide d'aller voir de plus près les merles multicolores dont parle toute la forêt.

Pigou, l'oeil vif, l'oreille pointue, le poil en bataille, s'en va donc au petit trot, de bon matin, vers la merlerie où les merles dorment sans méfiance. Le premier merle qu'il aperçoit est un merle blanc, gras et dodu comme un chanoine. C'est Fiflard, le merle préféré de Merlin, qui connaît toutes sortes de chansons drôles. Il a la plume luisante et l'oeil vif. Mais ce jour-là, ayant trop mangé, il rêve béatement sur la basse branche d'un gros cerisier.

À sa vue, Pigou passe sa langue rose sur ses babi-

Pigou, l'oeil vif, le poil en bataille, s'en va au petit trot.

rouges et fait claquer sa mâchoire de joie gourmande! Ce bruit imprudent réveille Merlin, toujours inquiet de ses merles.

– Mon Dieu! se dit-il, un renard! Mes pauvres merles! Si seulement ils pouvaient redevenir sabots!

Merlin connaît encore mal son pouvoir d'enchanteur. En effet, comme le renard se jette sur le pauvre merle blanc, celui-ci redevient aussitôt sabot!

Pigou pousse un cri de douleur. Il vient de refermer si fort sa mâchoire sur le merle en bois que toutes ses dents se sont cassées d'un seul coup.

– Et tac! dit Merlin, cela t'apprendra à vouloir manger mes merles!

Pigou pleure, en crachant ses dents, dit qu'il est désolé et qu'il ne recommencera plus. Merlin en doute un peu mais il laisse repartir le renard, honteux et confus, la queue entre les jambes et l'oreille basse. Et tous les merles rient en criant :

– F'est fien fait! F'est fien fait!

Pigou ne peut pas rester édenté. Un renard sans dents ne peut manger que laitage, soupe ou bouillie. Or, Pigou a horreur du lait, des crèmes caramel, des oeufs au lait, des potages et d'une façon générale, de tous les aliments liquides ou un peu mous; même les hamburgers, la cervelle ou le foie, il ne les aime guère. Ce qu'il aime, c'est la viande un peu crue, «la chair fraîche!» dit-il en ricanant et en pensant aux merles de Merlin.

Il lui faut coûte que coûte de nouvelles dents. Mais comment faire? Il est sans argent et sait que les dentistes prenn fort cher pour remplacer la moindre dent. Un dentier lui coûterait une fortune!

Il s'habille donc en dimanche, s'achète des lunettes noires, une canne blanche, et va jouer de la guitare à l'entrée du village de Saint-Arbrousse-Poil, déguisé en musicien aveugle. Or, les paysans du village qui ont bon coeur lui font l'aumône généreusement. Pigou peut donc se faire faire un dentier. Il est fort content.

Eh bien, devinez sa première pensée quand il voit, dans le miroir de sa salle de bains, ses nouvelles dents blanches et pointues?! Les merles! il ne pense qu'à eux!

Il revient donc trouver Merlin et lui dit son regret d'avoir attaqué le merle blanc. Il veut lui présenter ses excuses. Merlin qui se méfie, refuse. Pigou insiste et pour prouver sa sincérité, il propose à Merlin de devenir instituteur dans la merlerie.

Il est allé longtemps à l'école et connaît bien l'histoire et la géographie de Saint-Arbrousse-Poil, du Québec, de l'Acadie, du Manitoba, du Canada tout entier, de la France, des Galapagos et aussi l'histoire naturelle.

– Je pourrais, dit-il, apprendre à tes merles le nom latin des plantes, des insectes et des oiseaux.

– Oui, dit Merlin, mais je me demande si cela les intéressera. Même s'ils ne savent pas les noms en latin, ils savent très bien reconnaître la différence entre une fraise et mon gros nez rouge!

Le renard parle si bien et si longtemps que Merlin cède. Et Pigou fait la classe à tous les merles de la merlerie. C'est

Pigou devient instituteur des merles de Merlin.

un instituteur patient et sérieux, qui sait aussi rire et réciter des fables par coeur. (Il a, semble-t-il, oublié celle où il est question du renard. Mais nul n'a une mémoire irréprochable!) On l'entend répéter des proverbes et des maximes morales comme «Un bienfait n'est jamais perdu», que toute la classe répète en choeur :

– Un fienfait fest fafais ferfu!

Finalement, tout le monde aime bien Pigou. Certains même l'admirent beaucoup.

Mais un soir d'été fort chaud, alors que les merles volètent lourdement autour de Pigou en sifflotant des chansons mélancoliques, ce qui devait arriver arrive. Soudain, le renard sent le sang lui monter à la tête; au même moment, un joli merle rouge frôle Pigou qui se jette sur l'oiseau. Et clac! d'un coup de ses belles dents neuves, il lui coupe la queue tout net. Tous les merles s'envolent en sifflant d'indignation. Merlin est ahuri de la trahison de Pigou!

– Je savais bien, dit-il, qu'on ne pouvait pas te faire confiance.

– C'est un accident, réplique le renard, en baissant la tête.

– C'est le deuxième, répond Merlin, profondément attristé.

Le renard verse une larme et jure que c'est la dernière fois.

– Bon, dit Merlin, je te pardonne encore, mais je ne peux plus te garder ici. Va en ville te trouver un autre travail.

– D'accord, soupire Pigou, mais je reviendrai vous voir de temps à autre, car j'aime bien vos merles.

– Je le sais trop, ricane Merlin. Va! Va!

Le renard part donc pour la ville de Saint-Boniface, qui n'est pas très lointaine. Les merles referment leurs livres de sciences, de mathématiques, de géographie, d'histoire et de latin, à regret, car ce sont des merles studieux. Ils savent qu'il est difficile aujourd'hui de réussir dans la vie sans avoir un peu d'instruction.

Mais ils sont tout de même bien contents quand Merlin leur annonce qu'ils auront un mois de vacances! Le merle rouge qui n'a plus de queue dit qu'il en profitera pour aller s'en faire fabriquer une nouvelle par un chirurgien esthétique à Chicoutimi. Les autres parlent d'aller à la mer, à la campagne ou à Montréal. Finalement, on trouve que la merlerie est un petit paradis où on restera à jardiner, à cueillir cerises, bigarreaux, framboises, mûres et myrtilles, puisque c'est encore la saison. La vraie vie de vacances! Merlin promet d'acheter un magnétophone avec des cassettes de rock et de rap, que les merles écouteront pour s'instruire tout en s'amusant. Les merles en sont ravis et s'endorment ce soir-là en faisant de bien beaux rêves.

CHAPITRE 3

Pigou à Paris

Pigou, le renard, va donc partir pour la ville. Il rêve d'aller à Paris retrouver son arrière-grand-mère, qui a déjà été concierge au bois de Boulogne.

Avant son départ, le bon Merlin a pitié de lui et lui prépare une potion magique qui le rendra invisible. C'est l'*Élixir Zéro.* Merlin lui en donne une seule goutte et Pigou devient aussitôt invisible! Vous pensez s'il en a des tentations notre Pigou! Estourbir une poule ou un lapin sans être vu, voilà son rêve! Mais il a juré à Merlin d'être sage. D'ailleurs, une seule goutte rend invisible seulement pendant une journée, le temps d'aller de la forêt mystérieuse à Paris.

Pigou prend l'avion qui va de Saint-Arbrousse-Poil à Paris en passant par Montréal et Chicoutimi. Il arrive à Paris et, au moment où il descend de l'avion, la première chose qu'il voit, c'est une annonce qui demande un agent de police pour la circulation.

– Ça me plairait, se dit-il, j'aime bien voir passer les voitures et j'ai du flair!

Il va donc directement au commissariat de police qui a publié l'annonce. Là, il passe sans difficulté des examens de la vue, de l'ouïe, de l'odorat, du toucher et même celui du code de la route, qu'il a étudié dans un manuel de la bibliothèque des renards à Saint-Boniface.

– Vous êtes très malin, lui dit le commissaire. Vous êtes accepté et nommé responsable de la circulation à la place de l'Opéra.

Pigou met un uniforme tout neuf d'agent de police et s'en va à la place de l'Opéra. Il est un peu gêné dans ses mouvements par sa queue touffue, qui dépasse un peu son pantalon, sous sa veste. Mais il s'habitue vite; d'ailleurs, la circulation est si dense, et il y a tant de fumée de voiture que personne ne remarque ce petit détail.

Il note que les conducteurs se disent souvent des injures et concentrent surtout leurs efforts à se doubler les uns les autres. Il se dit que les Parisiens en voiture ont encore moins de manières que certains loups peu recommandables de sa forêt natale.

Pigou a un magnifique bâton blanc, supposé magique, qu'il manie avec aisance. Mais hélas! trois fois hélas! le fameux bâton n'est magique que s'il siffle et l'agite en même temps. Or, Pigou a oublié son sifflet! De tous les côtés à la fois arrivent des grandes et des petites voitures, des autobus et des camions! Et tout cela klaxonne, ronfle, pétarade, fume et s'entasse en un embouteillage monstre! Il y a même des petites voitures qui montent sur les grosses, des grosses qui grimpent sur les autobus, et d'autres qui se retrouvent sur les toits de l'Opéra!

Pauvre Pigou, il en pleure de rage et fait claquer de dépit son râtelier. Il a bien envie de mordre les oreilles de tous ces chauffeurs indisciplinés. Mais il y en a trop. C'est alors qu'au plus profond du désespoir, il est sauvé par l'une des ses anciennes victimes! Sur son épaule, en effet, vient de se poser Fiflard, le beau merle blanc qu'il a failli manger autrefois. Le gentil Fiflard se met à siffler aux bons moments pendant que Pigou fait les gestes correspondants!

En quelques secondes, la place de l'Opéra retrouve un ordre parfait et les voitures tournent comme en un ballet magique.

C'est ainsi que Pigou et Fiflard deviennent d'inséparables amis. Et Merlin l'enchanteur en est ravi.

Pigou et Fiflard règlent la circulation à la Place de l'Opéra.

Chapitre 4

L'arrivée du loup Grinchoux

Il y a dans la forêt de Saint-Arbrousse-Poil, tout près de chez Merlin, une famille de loups. Le père s'appelle Grinchoux, la mère, Grinchouse, et les deux petits, Grinchonnet et Grinchonnette. Ce sont des loups blancs, à mauvais caractère et à mauvaise réputation. Grâce à leur couleur, on les voit venir de loin en été et on peut les éviter. Cependant, ils ont la dent dure, la mâchoire prompte et, de plus, ne sont polis avec personne. Ils n'ont pas d'amis car, même après dîner, ils ont toujours la voix forte et ne savent guère dire que «Hou hou» ou bien «Houhouhou-Houhouhou» ou encore «Houhou-Houhouhou».

Les renards, qui ne les aiment pas, se moquent d'eux. Ils ne sont pas les seuls! Cette hostilité générale finit par déplaire à Grinchoux qui pense que son parler sans manière et sa façon un peu sauvage d'articuler est la cause de tout cela. Grinchouse lui conseille de trouver un professeur de diction qui adoucira sa parole. Mais Grinchoux pense aux merles de Merlin dont on loue les agréables vocalises.

– Si nous pouvions apprendre à siffler comme eux, dit-il, ce serait chouette!

– Ce serait bien, reprend Grinchouse, qui n'aime pas un langage trop familier.

– Ce serait génial, reprend Grinchoux, qui veut toujours parler comme les gens à la mode.

Bref, de bon matin, au petit trot, l'oeil soucieux mais le poil bien brossé, il s'en va trouver Merlin.

– Comment allez-vous? demande Merlin.

Malheureusement, il ne faut jamais poser une telle question à Grinchoux car, au lieu de répondre tout simplement par la même question, il se met à donner d'interminables détails sur sa santé – jamais bonne évidemment.

Merlin, qui a une commande de sabots pour une abbaye voisine, interrompt Grinchoux :

– Quel bon vent vous amène?

– Oh! le vent n'est guère bon, ce matin, répond Grinchoux.

– Je sais, dit Merlin, mais encore?

Et Grinchoux qui a, dans un grand sac, une liste de tout ce qui ne va pas, vide son sac devant Merlin. Merlin fait vite le point :

– Vous n'êtes pas très gentil et vous voudriez qu'on vous aime? Est-ce vrai?

– C'est un peu vrai, admet le loup.

Le loup apprend alors à Merlin qu'il voudrait prendre des leçons de chant avec les merles pour améliorer sa voix. Merlin éclate de rire et tous les merles se mettent à siffler d'une joie à s'en faire péter le gosier! Les merles n'ont pas eu pareille sifflade depuis longtemps. Le merle bleu s'étrangle presque et le merle rouge n'arrête pas de répéter :

– F'est fa feilleure fistoire fe f'année!

Vexé, Grinchoux grommelle à part :

– C'est la meilleure histoire de l'année, ah! vous allez voir!

– Il lui vient une idée folle d'estourbir le premier merle à sa portée. Mais comme il sait se tenir en public, il remet sa vengeance à plus tard. Il se contente de dire :

– Heu! heu! qui sort de son gosier comme un sinistre Hou! hou!

Les merles effrayés, bondissent tous à la fois sur les plus hautes branches des arbres de la merlerie, le coeur battant, l'oeil apeuré, la queue entre les pattes. Le merle rose a presque une attaque d'apoplexie.

Merlin, qui a pitié de Grinchoux, essaie de calmer sa colère. Et Grinchoux en profite pour demander s'il peut rester quelques jours à la merlerie pour entendre chanter les merles.

– Entendu, dit Merlin, mais tu promets de ne commettre aucune méchanceté?

– Promis, dit le loup.

– Tu n'essaieras pas de tuer un merle?

– Juré.

– Tu seras, aimable, poli, gentil, serviable?

– Promis, juré.

Grinchoux, pour prouver sa bonne foi, ajoute aussitôt qu'il aimerait aussi trouver un emploi à la merlerie. Le bon Merlin, qui cherche un jardinier, lui propose donc d'entrer à son service. Le loup est bien content. Merlin lui donne un grand pantalon de velours jaune, une chemise à carreaux rouges, un tablier bleu, un large chapeau de paille et une magnifique paire de sabots de bois, tout noirs.

Merlin reconnaît plus tard qu'il n'aurait peut-être pas dû donner ces sabots au loup, car le loup les regarde drôlement. En effet, ces sabots ressemblent à des merles. Ce n'est pas la peine de lui faire penser aux merles! Grinchoux y pense bien assez. Il en rêve la nuit et les lorgne durant le jour. Mais, comme il a une certaine maîtrise de lui, il n'en laisse rien paraître.

Jamais Merlin n'a eu de si belles laitues, jamais il n'a eu de si beaux poireaux, de si gros radis, des fraises et des framboises aussi rouges! Mais c'est là que l'affaire se gâte. Les merles viennent voler les fraises et les framboises de Grinchoux. Lui, tout en essayant de rester aimable, leur fait des remontrances en montrant les dents. Et les merles moqueurs chantent à tue-tête :

– Ah! f'est fon! fes ferises! F'est fon! fes framfoises!

Grinchoux grince des mâchoires en faisant semblant de rire. Il en est là de sa rage rentrée quand arrive à la porte de la merlerie, devinez qui?

Grinchoux n'est pas très content de l'arrivée de Pigou et Fiflard.

Pigou! oui, Pigou! le renard, habillé en agent de police, qui revient chez lui pour les vacances de Pâques. Il passe dire bonjour à Merlin et à ses merles.

Fiflard, le merle blanc, son ami, est d'ailleurs juché sur son épaule et siffle si fort qu'il effraie les autres merles. Pigou explique, pendant que Fiflard rit de son effet, que ce genre de sifflement fait arrêter ou repartir n'importe quelle voiture, n'importe quel autobus, même un camion de cent mille tonnes à Paris! Fiflard affirme que c'est vrai. Il siffle de nouveau. Le vieux merle rose en meurt presque de peur.

– Ça n'est pas tout ça, dit Pigou à Grinchoux, son cousin. Puisque tu es jardinier, me donnerais-tu quelques laitues?

– Et puis quoi? dit Grinchoux d'un air grincheux.

– Des oeufs, cousin, dit le renard, l'oeil brillant, puisque c'est Pâques!

– Tu ne veux pas plutôt des châtaignes? demande le loup qui n'aime pas le renard.

Joignant le geste à la parole, Grinchoux lance à la tête de Pigou une poignée de châtaignes. Pigou baisse la tête et les châtaignes ricochent avec un bruit sec contre le mur de clôture. Il saisit son bâton d'agent et toc! avant que Grinchoux puisse dire un mot, Pigou lui flanque un coup sonore sur la tête.

– Fien fait! sifflent les merles qui n'ont jamais aimé Grinchoux.

Grinchoux se relève avec une bosse toute ronde sur le dessus du crâne.

– Le voilà ton oeuf de Pâques! siffle Fiflard à Pigou.

Même Merlin, qui n'aime pas qu'on se batte, se met à rire. Mais le loup et le renard se jettent l'un sur l'autre. Leurs habits volent en morceaux, et des touffes de poils suivent bientôt!

Merlin prend alors une baguette de noisetier et la tend vers Pigou et Grinchoux.

– Disparaissez! ordonne-t-il.

C'est ainsi qu'il s'aperçoit encore une fois combien est grand son pouvoir magique. En effet, les deux combattants ont disparu. Les merles en sont grandement soulagés. Ils sont si contents qu'ils se mettent à siffler sur l'air de «Alouette» :

Fafouette
Fanfille Fafouette...
Fafouette, fe fe fuferai!

Chapitre 5

Le complot de Pigou et Grinchoux

Pigou et Grinchoux se retrouvent tout penauds, honteux et confus, plein de bosses et presque sans poils, au beau milieu de la forêt. Ils conviennent du ridicule de la situation et décident de faire la paix. Près d'un buisson de roses sauvages, les deux cousins se jurent une éternelle amitié. Tout aussitôt, l'idée leur vient de se venger des merles moqueurs.

– Si on retournait à la merlerie? dit Grinchoux.

– J'y pense! dit Pigou.

– Un bon petit merle dodu, hein? dit l'un.

– Hein! reprend l'autre.

Mais voilà que Fiflard, qui les a suivis, intervient :

– Vous n'avez pas honte!

D'une bonne bourrade, les deux lascars repoussent Fiflard et l'envoient sur les roses... et leurs épines.

– Occupe-toi de tes oignons! dit Grinchoux, le jardinier.

– Et fais attention aux voitures! ajoute Pigou, l'agent de la circulation.

Fiflard trouve l'humour du loup et du renard un peu niais. Il se brosse et retire à coups de bec experts les épines d'églantier de ses plumes. Dissimulé sous le feuillage, hors de la vue de Pigou et Grinchoux, il se tient coi et écoute leur conversation. C'est là qu'il apprend leur intention ferme d'attaquer les merles à la nuit tombante.

– Ils vont tomber sur un bec! se dit Fiflard et, sans faire de bruit, il rampe sous les buissons jusqu'à la clairière voisine.

Il boit une gorgée d'eau fraîche dans une source claire et prend un bain pour se remettre de ses émotions. En s'ébrouant pour se sécher, il s'aperçoit qu'il lui manque des plumes. Dans le miroir de l'eau, il remarque qu'il est passablement déplumé. Il a reçu des coups un peu partout. L'aile en particulier n'est pas belle à voir!

Comme le soleil s'enfonce là-bas à l'horizon et que l'angélus sonne au village voisin, il prend son essor vers la merlerie voisine mais son vol est un peu bizarre.

Dès que Merlin est au courant des projets du loup et du renard, il convoque les merles en grand conseil. On remercie Fiflard et on décide sur-le-champ d'un plan de contre-attaque.

Toute la compagnie couchera sur la plus haute branche du grand chêne de la merlerie, situé au bord du grand étang. Les merles se percheront à trente pieds au-dessus de l'eau.

– Mais, dit Fiflard, il y a une grande échelle dans la grange du jardin et Grinchoux la connaît bien. Que ferons-nous s'ils s'en servent pour nous surprendre pendant notre sommeil?

– J'ai mon idée, dit Merlin. Ils n'auront pas besoin d'aller chercher l'échelle. Je vais l'installer tout de suite contre la plus haute branche du chêne.

L'échelle est immense. Aucun merle ne peut la soulever. Mais Merlin vient à leur secours.

– Remarquez bien, dit-il en plaçant l'échelle si près du bord de la branche, qu'elle ne manquera pas de basculer sous un poids important.

Les merles applaudissent à grands coups d'ailes et improvisent un choeur de sifflements admiratifs.

Les merles s'endorment alors, un peu fébriles, serrés bien au chaud les uns contre les autres; les petits entre les plus grands, les pères et les mères à chaque bout des rangées. Certains merles ont des cauchemars mais bien peu, vu la menace qui pèse sur la merlerie.

La nuit est noire. Pas de lune, pas d'étoiles, un gros ciel d'orage. Au bout de longues heures, Merlin pense que le loup et le renard ont renoncé à leur vilain projet. Il s'endort lui aussi. On entend plus dans le silence que des respirations profondes et les ronflements des vieux merles enrhumés.

Pendant ce temps, Pigou et Grinchoux sont arrivés au pied du chêne. Seuls, leurs yeux méchants luisent dans l'obscurité.

– Regarde! murmure Grinchoux, ils ont oublié d'enlever l'échelle, après être montés se coucher!

Regarde! Ils ont oublié d'enlever l'échelle! dit Grinchoux. Les idiots! ricane Pigou.

– Les idiots! ricane Pigou qui, dans sa hâte de manger du merle, oublie que les merles n'ont pas besoin d'échelle pour aller au lit.

Les deux forbans se mettent à escalader l'échelle à pas feutrés, Pigou devant, Grinchoux derrière. Grinchoux maugrée car la queue du renard lui balaie le nez et l'empêche de voir. Il suit quand même, en se léchant les babines à la pensée d'un dîner de merle. Plus que trois échelons à gravir. Déjà ils bandent leurs muscles, prêts à bondir sur un tas de merles comme jamais loups et renards n'en ont rêvé.

Patatraque! l'échelle bascule et se renverse dans l'étang, entraînant les deux compères affolés. Plouf! Plouf! Plouf! Le bruit de l'échelle qui tombe dans l'étang et les bruits du renard et du loup barbotant dans l'eau, réveillent les merles!

D'un coup de baguette magique, Merlin fait le jour pour que tous puissent se régaler du spectacle. Les merles surexcités trépignent de joie et entonnent en choeur : «Boire un petit coup, c'est agréable, boire un petit coup, c'est doux», qui devient :

Foire un fefi fou, f'est fafréafle,
Foire un fefi fou, f'est fou!

Les merles ne reverront sans doute jamais plus le loup et le renard! Ils vont vivre heureux et prospères, jardinant fraises, framboises et cerises rouges, groseilles blanches et mûres noires, chantant comme moines au couvent et sifflant mille chansons joyeuses. Merles mille fois heureux en la merlerie de Merlin.

Chapitre 6

La ronde avec Séverine et Florence

Fiflard s'ennuie de Paris, de sa foule et de sa pollution. Un jour, il dit à Merlin que la merlerie manque un peu de distractions. Il aimerait voir des gens.

Merlin pense qu'il est en réalité le seul être humain de la merlerie et que les merles en ont peut-être assez de voir son gros nez couleur de fraise et sa longue barbe grise.

– Et si on demandait aux deux petites filles du charbonnier, qui habitent à l'orée du bois, de venir jouer avec nous de temps en temps? suggère Merlin.

– Foui! siffle Fiflard.

– C'est une bonne idée, hein? dit Merlin.

– Fè fu fofifé! reprend Fiflard.

Les deux petites filles du charbonnier sont jolies et très

mignonnes. Les merles ravis de les voir arriver sifflent : «Fonfour!» à s'en rompre le gosier.

L'une est brune avec des yeux bleus; l'autre, blonde aux yeux noirs. La brune s'appelle Séverine et les merles lui donnent le nom de Féfi. Ils baptisent Floflo, la blonde Florence. Féfi a une tête ronde comme une petite pomme de reinette et le merle rouge a bien envie d'y goûter! Féfi, elle, n'aimerait pas que le merle rouge donne des coups de becs dans ses pommettes! Floflo rit comme une chevrette et le merle bleu veut se percher sur ses cornes! Mais Floflo sait bien qu'elle n'a pas de cornes; aussi, elle n'a pas peur du merle bleu.

– À quoi voulez-vous jouer? demandent Floflo et Féfi.

Flifard propose le jeu des quatre coins. On commence à jouer mais on s'aperçoit vite que quatre merles seulement peuvent participer au jeu. Les autres qui, au début, s'amusaient bien, les regardent maintenant d'un air un peu ennuyé.

– Si on jouait au loup? proposent les deux petites filles.

Le merle rouge, qui a eu la queue mangée par le renard, et Fiflard, qui a reçu du loup un coup dans l'aile, se révoltent à l'idée de ces jeux d'animaux «sauvages».

– Alors, à la ronde! dit Floflo.

– Bonne idée! reprend Féfi.

Enfin, tout le monde peut participer et l'on fait la ronde en chantant :

Bonjour Guillaume!
As-tu bien déjeuné?

Mais oui, madame,
J'ai mangé du pâté
Du pâté d'alouette,
Guillaume Guillaummette
Chacun s'embrassera.
Et Guillaume restera!

Fiflard remarque que cette chanson de personne est encore plus sauvage que les sauvageries du renard et du loup.

– Une alouette est un oiseau presque aussi joli qu'un merle, déclare le merle noir.

Pour Floflo, c'est une chanson pour rire et il faut avoir le sens de l'humour.

– Quand un merle rit dans la merlerie, dit Féfi, tous les merles rient dans la merlerie!

Les merles se mettent aussitôt à siffler :

Fonfou Fifaufe
Fa fu fien féfeufé
Fè foui fafafe
Fé fanfé fu fâfé
Fu fâfé fafoufeffe
Fifaufe, Fifaufette
Fafun f'emfaffefa
Fé fifaufe féfefa!

Tout le monde s'amuse et danse en se tenant la main ou le bout de l'aile. Ah! que la ronde est joyeuse!

Tout à coup, Fiflard s'étrangle en finissant le refrain. Il voit deux yeux luisants, deux grands yeux méchants, à travers les feuillages sombres de la haie. Devinez qui c'est?... Le loup! Oui, c'est le loup!

Tout le monde reconnaît Grinchoux malgré son déguisement. Il porte encore son chapeau de paille et ses sabots de jardinier. Mais il a un nouveau costume. C'est un beau complet noir avec une cravate rouge sur une chemise blanche à rayures violettes. Il semble avoir beaucoup vieilli car il est tout courbé. Serait-il malade? Il marche difficilement, appuyé sur une canne blanche, et il porte des grandes lunettes noires, à travers lesquelles on voit flamber la lueur de ses yeux mauvais. À son bras, il a un panier qui semble fort lourd.

Effrayés, les merles se sont aussitôt envolés sur les hautes branches du plus grand chêne. Les deux petites filles restées seules avec le loup tremblent de peur et se serrent l'une contre l'autre.

– Bonjour, mes petites filles, dit le loup, fort poliment. Comme vous êtes jolies! Comme vous avez l'air mignonnes! Je suis très heureux de vous rencontrer.

– Nous aussi, répondent Florence et Séverine, pour être gentilles et cacher leur peur.

Le loup leur demande leur nom. Il a beaucoup entendu parler d'elles, et il sait qu'elles sont de tendres petites filles.

Au mot tendre, Fiflard, perché dans un grand chêne, ricane tout bas. Il sait bien à quoi le loup pense.

– Fafenfion! siffle-t-il.

Mais le loup continue de faire des compliments aux deux fillettes et de se lamenter :

Bonjour, mes petites filles, dit le loup, fort poliment.

– Je suis fatigué, dit-il, vieux, et presque aveugle.

– Fè fa frai, siffle Fiflard.

Le loup ne répond pas. Il s'appuie contre un arbre et se met à pleurer.

– Pourquoi pleurez-vous? demandent Florence et Séverine.

– Parce que mes petits attendent ces provisions pour dîner et si je ne retourne pas à la maison, il vont mourir de faim.

– Fè fa frai! sifflent les merles, rassemblés dans les grands chênes bordant la clairière.

– Si, dit le loup, c'est la triste vérité. Aidez-moi mes petites, vous qui êtes si mignonnes; aidez-moi à porter ce panier, jusque chez moi.

– Où habites-tu, demande Séverine.

– Là-bas, dans la forêt. Ce n'est pas très loin, mais je suis si las.

Les deux petites filles, voyant les grosses larmes du loup, ne peuvent s'empêcher d'avoir pitié de lui.

– Bon, dit Florence, on vous accompagne jusqu'au bout de la clairière, là-bas, mais pas plus loin.

– Nos parents nous ont défendu d'aller dans le grand bois, ajoute Séverine.

– Mais pourquoi? demande le loup, vous n'avez rien à craindre.

– Si, répliquent les deux petites filles. On sait ce qui est arrivé au petit Chaperon Rouge!

– Oh! reprend le loup, un peu gêné, c'est une très vieille histoire. Une histoire d'autrefois. Les loups d'aujourd'hui sont beaucoup plus gentils.

Et il se met à rire si fort que le merle rose risque encore d'avoir sa crise cardiaque. Et puis, le loup recommence à pleurer. Finalement, Séverine et Florence décident de l'aider car il a l'air sincère. Elles partent donc à travers la clairière, en direction de la forêt.

Les merles s'inquiètent. Ils sont seuls car Merlin n'est pas rentré de la ville, où il est allé chercher un remède pour un merle qui a mal au ventre.

Florence et Séverine disparaissent bientôt derrière d'épais taillis. On a cessé de les voir depuis une minute, à peine, qu'on entend deux grands cris affreux! Et puis, plus rien... Le loup s'est jeté sur elles et les a avalées d'un seul coup de son énorme gueule!

Fiflard, heureusement, a suivi le loup. D'un coup d'aile, il s'envole vers la ville. Merlin sort de chez le pharmacien avec un élixir pour le merle malade.

– Fite! fite! dit Flifard, et il explique qu'un malheur est arrivé à Séverine et à Florence.

D'un coup de sa baguette magique, Merlin, guidé par le malin Fiflard, se transporte auprès du loup. Le monstre s'était endormi après avoir avalé d'une traite les deux petites, sans les mâcher! Cette gourmandise allait les sauver!

Vite, Merlin éventre le loup, d'un coup de sa baguette magique. Les deux petites filles en sortent bien vivantes. Leurs robes sont un peu froissées; Séverine est dépeignée,

Florence a perdu un soulier et une chaussette. Mais elles n'ont pas de mal! Elles dansent de joie et remercient Merlin en l'embrassant très fort. Merlin les gronde un peu. Il ne faut jamais aller dans le bois toutes seules et encore moins en compagnie d'un loup!

– Il avait l'air si gentil! dit Séverine.

– Oui, dit Merlin, mais un loup restera toujours un loup.

Florence laisse fuser son petit rire de chèvre qui réveille le loup. Il passe déjà sa grande langue rouge sur ses babines roses toutes humides. Quand il essaie de se lever, il hurle de douleur. Son ventre est encore ouvert.

Le bon Merlin a pitié de lui. D'un coup de sa baguette magique, il recoud le ventre du loup.

– Va-t-en, dit Merlin, loup de peu de parole, et ne t'attaque plus jamais ni aux merles ni aux enfants!

Le loup se sauve, honteux et confus, oubliant son grand panier. Fiflard suggère de partager les provisions du loup! Tout le monde est d'accord!

– Fouette! siffle Fiflard, le plus gourmand de la bande.

Tous les merles avec Florence et Séverine se mettent autour du panier, les yeux brillants à la pensée des bonnes choses à partager. Séverine est sûre d'y trouver du chocolat! Florence pense aux bonbons, Fiflard au fromage! Merlin soulève le couvercle du panier.

Surprise! Il est rempli de pierres! Tout le monde éclate de rire. On recommence la ronde pour fêter le départ du sinistre Grinchoux et surtout le sauvetage de Florence et Séverine. C'est Séverine qui entonne la chanson :

Promenons-nous dans les bois
Pendant que le loup y est pas
Loup, y es-tu?
Entends-tu?
Que fais-tu?

que Fiflard et tous les merles reprennent en choeur :

Fofon fou fan fes foi
Fenfan fe fe fou f'est pas
Fou fes fou?
Fan fan fu?
Fen fais fu?

– Tous les loups sont-ils aussi méchants? demande Jean-Robert, un jeune merle parisien.

– Non, dit Fiflard qui lit beaucoup. Au Canada d'où viennent tous les loups, il n'y en a que de bons.

– Ça?! dit Merlin.

Et Jean-Robert s'en va dormir en rêvant du blanc pays où les loups n'ont pas de noirs desseins.

Chapitre 7

Les canards sauvages et le mystérieux marchand

Merlin et Fiflard admirent l'étang de la merlerie, calme et lisse comme un beau miroir. Seules, de grandes araignées tracent çà et là de fines raies d'argent à la surface; les grenouilles, au petit matin, font à fleur d'eau des trous et des ronds vite refermés. On entend parfois, dans le silence, un petit bruit très discret : glop! Puis, plus rien, pendant longtemps. Glop! une rainette verte. Glop! une rainette rousse. Glop! glop! deux rainettes. Glop! glop! glop! trois rainettes.

Fiflard, qui a une bonne oreille, compte. Glop! glop! glop! glop! glop! Cinq fois! Une fois, il a compté cent trente-trois glops! Mais c'était un jour où les grenouilles avaient fait un concours de sauts en hauteur. D'ordinaire, l'étang est calme. Cependant, un beau matin, ce calme est rompu par un tintamarre de cris désagréables, venus du ciel.

Une bande de canards sauvages, en route pour le Yukon ou pour la lune, ou Dieu sait où, a décidé de faire escale sur l'étang de la merlerie. Ils tournent d'abord sept fois, bruyamment, au-dessus de l'étang et, quand le canard de tête a pris le vent, ils piquent vers le centre et se laisse tomber sur l'eau en faisant un plongeon retentissant. Tous les autres canards, déployés en V dans le ciel, imitent le canard de tête. C'est une sucession de «plif, plaf, plouf», à n'en plus finir.

Imaginez la désolation des grenouilles en voyant leur eau troublée de si vilaine manière! La doyenne des grenouilles, Grenuche, fait trois bonds sous le bec du canard en chef, Kouak, qui ne s'en aperçoit même pas. Il plonge deux fois de suite, avant de remarquer Grenuche dressée sur un nénuphar, indignée, les pattes de devant croisées sur son estomac.

Grenuche lui dit que la moindre des politesses est de prévenir les gens avant d'arriver chez eux. Elle fait remarquer ensuite que les canards se conduisent mal en faisant beaucoup trop de bruit.

– Il n'est pas dix heures du soir! répond Kouak.

– Je sais, réplique Grenuche, mais les gens bien élevés sont discrets, même avant dix heures du soir!

Fiflard approuve, du haut d'un saule, et demande aux canards de parler moins et mieux.

– Mieux? demande Kouak.

– Foui, dit Fiflard.

Fiflard fait ensuite remarquer à Kouak le son nasal que produisent les canards.

– Cela vous donne un air bien vaniteux, dit Grenuche.

C'est une succession de «plif, plaf, plouf», à n'en plus finir.

Mais Kouak répond que les canards sont toujours enrhumés et ne parlent pas du nez pour avoir l'air snob. Finalement, les canards promettent de faire moins de bruit. C'est l'essentiel. Ils glissent joliment à travers l'étang et leur sillage fait sur l'eau ensoleillée des arabesques savantes.

Un tout petit canard vert, au col jaune et à l'oeil bleu, essaie d'imiter les plus grands. Mais il ne sait encore tracer que des huit ou des zéros. Fiflard le complimente tout de même et le mignon caneton en est bien content. Il s'appelle Canou.

– C'est un joli nom, dit Fiflard.

Flifard et Canou deviennent amis, et les rainettes vertes comme les rousses trouvent que les canards ne sont pas de si mauvais compagnons.

Plusieurs papas canards décident de sortir de l'eau pour aller faire un tour sur la terre avec les mamans canes. Les petits doivent rester sagement au milieu de l'étang :

– On ne sait jamais, dit Kouak, un renard est vite arrivé!

Fiflard remarque que les canards n'ont pas une démarche très gracieuse.

– Pour aller à terre, dit-il en lui-même, ils devraient s'acheter des cannes!

Une mauvaise plaisanterie que Fiflard ne répète ni aux canards ni aux canes.

La bande de canards ne s'éloigne pas trop de l'étang. Après s'être régalés d'orties sur la berge nord, tous reviennent dans l'eau car le soleil commence à baisser à l'horizon.

À ce moment, arrive un personnage étrange. Il porte un uniforme bleu foncé, des souliers noirs cirés, une chemise blanche et une cravate noire. Sur la tête, un chapeau mou trop grand lui cache les oreilles et les yeux. Autour du cou, une grande écharpe rouge lui masque le nez qui semble fort long. L'étrange créature porte sur son épaule de beaux tapis d'Orient.

Les grenouilles, de nature craintive, disparaissent vite au fond de l'eau. Les canards s'inquiètent à leur tour et se rassemblent au centre de l'étang; Canou, le canneton, se tient au milieu d'eux. Fiflard s'envole sur la plus haute branche de son saule. Comme ce marchand a l'air bizarre! Fiflard, qui a vu ce costume-là quelque part, se dit que le chapeau et l'écharpe doivent cacher une tête dangereuse!

– Je suis un employé de grands magasins à Paris, à Winnipeg et à Montréal, dit le marchand.

– Qu'est-ce que vous vendez? demande Kouak.

– Des tapis, de très beaux tapis; approchez, venez les voir.

– Fafenfion! siffle Fiflard.

– Des tapis pour quoi faire? dit Kouak.

– Pour décorer votre maison, ou pour vous essuyer les pieds en sortant de l'eau.

– Bof! fait Kouak.

– Il y a même des gens qui s'en servent pour voler très loin. On s'assied dessus et on traverse tous les pays du monde.

– Faifafrai, siffle Fiflard.

– Si! c'est vrai, reprend le marchand. Il suffit d'un peu d'habitude. En Orient, tout le monde voyage de cette façon.

Les canards et les canes ricanent dans leur coin en faisant :

– Coin-coin!

Stéphane qui passe par là dit :

– Moi, je vais plus vite avec mon vélo.

L'étrange marchand continue, en faisant semblant de n'avoir pas entendu.

– Venez voir mes tapis de près. Regardez cette laine! Voyez ces couleurs! Approchez! Mais approchez donc!

– Fafenfion! siffle Fiflard en se demandant qui est ce marchand.

Les canards ne bougent pas, blottis les uns contre les autres, méfiants. C'est alors que Lolo, le loriot, qui n'a rien dit jusque-là, et qui est demeuré perché dans un peuplier, se laisse tomber comme une pierre sur la tête du marchand en criant :

– Au feu! Au feu!

Pris de panique, le marchand saute à l'eau! Lolo s'empare de l'écharpe et s'envole au loin. Surprise! On voit sortir de l'eau, trempé jusqu'aux os, honteux et confus, Pigou!

Eh! oui, Pigou, le renard, vient d'apparaître dans son bel uniforme d'agent de police, tout trempé. Il a perdu son chapeau en tombant à l'eau! Sans écharpe, il a bien l'air d'un renard, avec son nez pointu!

Grenouilles, canards, merles et loriot éclatent de rire! Les grenouilles, qui en ont mal aux côtes, s'exclament :

– Quoi? coa! quoi? coa!

Les canards, qui ont mal au nez à force de rire, s'écrient :

– Quoin? coin! quoin? coin!

Les merles, eux, ont mal au gosier à force de fiffler. Ils s'exclament :

– Foi? foua! foi? foua!

La morale de cette histoire : «Tel est pris qui croyait prendre», est récitée par le petit Canou, le tout petit canard vert au col blanc et à l'oeil bleu. Cela lui sort joliment du nez :

– Tinl est prins qui croyint prindre!

Séverine et Florence l'applaudissent bien fort et vont vite raconter l'histoire à leurs parents, au village de Saint-Arbrousse-Poil.

CHAPITRE 8

Pigou et le baiser de la paix

Furieux d'avoir été démasqué par le loriot, le renard sort de l'eau comme il peut, empêtré dans son habit et ses tapis. Il a perdu son chapeau, et Lolo s'est envolé avec son écharpe. Tous ses tapis d'Orient sont trempés. Il a beaucoup de mal à les tirer sur la berge. Il éternue et tousse comme un perdu. L'eau lui sort du gosier, du nez et des oreilles!

Grenuche lui dit d'un ton moqueur :

– Pigou, tu peux enlever ton habit et tes belles chaussures, puisque maintenant tout le monde t'a reconnu!

Mais Pigou refuse. Il réplique que son patron serait très fâché s'il savait qu'il a enlevé son uniforme, même pour le faire sécher.

Grenuche reprend :

– J'ai déjà vu des renards sans habit; cela ne m'a jamais

choquée! Ce qui me gêne davantage, c'est que les renards ont toujours envie de croquer les autres!

– Les autres? dit Pigou, d'un air de saint offensé.

– Oui, reprend Kouak, les canards, par exemple.

– Ou les merles! ou les loriots! dit Lolo, revenu se percher au-dessus du renard.

– Tout cela, dit Pigou, c'est de l'histoire ancienne. Il y a longtemps que les renards ne mangent plus les oiseaux!

Le merle rouge, qui a eu la queue coupée par le renard, fait remarquer que Pigou a la mémoire courte.

– Maintenant, je suis végétarien! jure Pigou. Je ne mange plus que les légumes frais de mon jardin.

– Fenfeur! siffle Fiflard.

– Menteur? reprend Pigou, je suis prêt à prouver ce que je dis.

– Fenfeur! chantent tous les merles. Ah! le fenfeur! ah! le fenfeur!

Et tous les canards reprennent en choeur le refrain des merles :

– Hoin! le minteur! hoin! le minteur! hoin, le minteur!

Pigou, qui prend froid dans son habit mouillé, se met à tousser à fendre l'âme. Les larmes lui viennent aux yeux. Personne ne le comprend! Il recommence à jurer de sa bonne volonté :

– Je vais vous prouver que je suis sincère.

– Comment? dit Kouak.

– Comment? En donnant le baiser de la paix au plus petit des canards.

– Le baiser de la paix! comment ça? dit Lolo.

– C'est simple, dit Pigou, j'embrasserai le tout petit canard vert au col jaune et à l'oeil bleu que je vois là-bas.

À ces mots, le petit Canou se blottit entre son père et sa mère. Mais comme il ne connaît pas encore les renards, il dit à ses parents :

– Si vous voulez, je peux aller embrasser le monsieur.

– Tu es très mignon, dit Pigou en adoucissant sa voix. Comment t'appelles-tu?

– Canou.

– Quel joli nom! Viens vite m'embrasser.

– Fafenfion! siffle Fiflard.

À ce moment-là, on voit arriver Séverine et Florence que le merle bleu est allé chercher chez le charbonnier de la forêt. Elles sont tout essoufflées d'avoir couru. Séverine a ses joues rondes, rouges comme des pommes d'api, et Florence elle, rit comme une petite chèvre. Elles frottent bien fort le dos du renard, qui continue à tousser comme un tuberculeux. Cela lui fait du bien. Il remercie et accepte des comprimés d'aspirine. Il explique qu'il veut prouver à tout le monde que les renards ne mangent plus les volailles, en donnant au petit Canou un baiser. Le baiser sera le symbole de la paix éternelle qu'il propose aux canards.

Le loriot élève la voix en disant que le renard n'est sûrement pas de bonne foi, puisqu'il est arrivé déguisé.

– Déguisé! dit Pigou.

– Oui, déguisé! reprend Lolo.

– C'est faux, je venais vendre des tapis; alors, j'étais habillé en marchand.

– Mais pourquoi avoir mis une écharpe autour de ta tête?

– Parce que je tousse dit le renard, en crachant de l'eau comme un phoque.

– Tu tousses, depuis que tu es tombé à l'eau, s'écrie Lolo.

Tous les merles approuvent de la tête. De leur côté, les canards sont plus ou moins convaincus. Ils se mettent à parler ensemble. Dans tous les coins, on entend des «coin-coin» par-ci, «coin-coin» par-là. Chacun raconte les cancans qu'il connaît sur les renards. L'un parle des cancans sur les canards d'un coin de Caen, l'autre des cancans d'un coin de Bourgoin où les canes cancannent comme à Cannes, à Fécamp ou à Cancale. Bref, personne ne peut se mettre d'accord sur la bonne foi des renards. Finalement, on décide qu'un vieux canard, fort en bec, embrasserait le renard.

Mais Séverine et Florence, que les merles appellent toujours Féfi et Floflo, s'inquiètent. Le projet de Pigou leur rappelle l'aventure du renard et de la mésange. Elles se la chuchotent à l'oreille et la racontent en grand secret à Fiflard.

Il file droit sur l'assemblée des canards pour leur faire part de la ruse que viennent de lui souffler Féfi et Floflo. Tout le monde se met d'accord et Féfi dit à Pigou :

– Écoute, tu vas fermer les yeux et Canou viendra t'embrasser.

– Non! dit Floflo, moi, je ne lui fais pas confiance. On va lui bander les yeux d'abord, et Canou viendra l'embrasser après.

– D'accord, dit le renard.

Du haut de son saule, Lolo laisse tomber l'écharpe de Pigou et Floflo l'enroule avec soin autour de la tête du renard. On demande à Pigou de deviner combien on lui montre de doigts, pour s'assurer qu'il ne voit pas à travers l'étoffe. On le fait tourner trois ou quatre fois et on le met au bord de l'eau. Alors seulement, on lui annonce que Canou va vers lui, afin de recevoir le solennel baiser de la paix.

Tout le monde a bien peur. Car, comme dit Merlin : «Les renards sont toujours des renards, même quand ils veulent faire les saints!».

Pigou ne bouge pas mais tout son corps est tendu et ses muscles bandés. La mâchoire légèrement entrouverte, il sourit du sourire le plus angélique. Il attend...

Dès qu'il sent quelque chose lui effleurer la mâchoire, il fait un grand bond en avant, la gueule grande ouverte! Ses dents claquent les unes contre les autres avec un bruit terrible!

– Ah! le vilain! s'écrient en même temps les deux petites filles consternées.

Pigou venait de refermer les mâchoires sur... devinez quoi? une longue plume de canard que Kouak avait arrachée de sa queue. Il l'avait passée sous le nez du renard qui avait

Kouak avait arraché une longue plume de sa queue pour attraper Pigou.

sans doute oublié la vieille histoire de la mésange, celle qui avait inventé cette ruse. Dans son élan, Pigou était allé tomber une deuxième fois dans l'étang. Et, une fois de plus, tout le monde riait et se moquait de lui.

Et les merles chantent, sur l'air de «Boire un petit coup» :

Foire un fefi fou
F'est faféfafe!

Honteux et confus, la tête basse, la queue entre les pattes, sans uniforme, sans chapeau, sans chaussures, sans tambour ni trompette Pigou part le ventre à terre, la mort dans l'âme, cacher sa déconvenue dans le coin le plus sombre de la forêt.

Séverine murmure :

– Merlin avait raison. Les renards sont toujours des renards, même quand ils veulent faire les saints!

– Foui! fait tristement Fiflard.

CHAPITRE 9

La fête

Un beau matin de juin où le soleil brille dans la clairière, le bon Merlin, toujours pauvre sabotier à Saint-Arbrousse-Poil, chante en préparant un *Élixir de longue marche* pour une autruche de passage. Cette vieille demoiselle s'appelait Marie-Louise Goduche. Faible de la tête et des jambes, elle était professeur à Paris mais ne pouvait plus marcher, à cause de douleurs aux mollets.

– La tête, lui avait dit Merlin, je n'y peux rien. Mais quand vous aurez bu une goutte de cet élixir, vous pourrez rentrer à Paris en trois enjambées.

– Fai frai, siffle Fiflard, du haut de son grand chêne.

– Ah! dit Pigou, qui passait par là, l'air toujours innocent; moi, ce que j'aime le mieux c'est l'*Élixir Zéro,* celui qui rend invisible.

Merlin fait semblant de ne pas entendre, car il sait ce que Pigou ferait s'il était invisible! Estourbir une poule ou un lapin sans être vu, quel rêve pour un renard!

À l'improviste arrivent Stéphane sur sa bécane, Florence et Séverine sur un grand cheval noir. Toute la joyeuse bande dit bonjour à Merlin.

Bayard, le cheval noir qui est très bavard, déclare :

– Monsieur Merlin, il faut que vous recommenciez à faire des sabots. Henni soit qui mal y pense!

Et il hennit de plus belle en riant de sa plaisanterie.

– Quoi?! dit Merlin.

Alors Bayard explique, en même temps que Stéphane, Séverine et Florence, que des touristes, américains, parisiens, canadiens et peut-être néo-zélandais, vont arriver au village. Puisqu'on doit y organiser des danses folkloriques, il faudra donc des sabots. De beaux sabots. Pas des bottes en plastique.

Merlin se gratte la tête longuement, sourit et accepte :

– D'accord!

La joyeuse bande bat des mains et chacun, même Fiflard, se vante de savoir danser.

– Ah! dit Pigou, j'aimerais voir Fiflard danser en sabots de bois!

– Foufoi fa! fait Fiflard.

– Pourquoi pas! en effet, dit Merlin.

L'idée de voir des merles en sabots réjouit déjà Séverine et Florence. Mais elles arrêtent vite de rire en entendant des sinistres hou! hou! Apeurées, elles se blottissent contre Merlin. Elles ont oublié que même quand il veut être gentil – ça arrive parfois aux loups – Grinchoux ne sait pas dire hou! hou! comme les autres, mais seulement comme un loup. Et quand on a risqué une fois d'être dévoré par un loup, même s'il a promis de ne plus recommencer, on a toujours un peu peur.

– C'est pas tout ça, lance Stéphane; pour danser, il faut nettoyer la clairière. Elle n'est plus très unie. Si on appelait à l'aide Bernard, le gros rhinocéros de la forêt du Dragon?

Alors, tout le monde se met ensemble à crier très fort :

– Oh! ho! Beeeeeeeernaaard!

L'écho, par delà l'étang reprend :

– Naaarnaaard.

Alors, de très, très, très loin, monte un bruit de galopade, d'arbres renversés et de fracas de branches cassées. C'est Bernard! Il arrive dans un typhon de feuilles arrachées, de mottes de terre et d'herbes qui volent partout. Il freine des quatre pattes et se laisse tomber sur le derrière, traversant ainsi d'un seul élan la grande clairière, d'un seul coup, débroussaillée, désherbée, nettoyée, aplatie, aplanie, unie, lissée comme une piste de danse, en moins de sept secondes.

– Du beau travail de rhinocéros! dit-il, la corne en l'air, et la panse secouée d'un gros rire agricole.

Les grenouilles effrayées par le vacarme causé par

l'arrivée de Bernard sautent dans l'étang. Pendant que le bavard Bernard parle, Merlin dit :

– Pour la fête du village, si on faisait danser l'ours Grizzly! Les ours sont célèbres pour leur façon un peu rustique de danser!

– Ah! non! s'écrie Maurice, le gentil lapin, tout tremblant de frayeur. Celui-là, je ne veux pas le voir.

– Allons, dit le bon Merlin, aujourd'hui tout le monde fait la paix. Tu vois. Même Pigou et Grinchoux, qui n'ont pas toujours été très gentils pour tout le monde, sont ici et ils sont très sages.

– Fé fanfes! siffle Filfard, du haut de son grand chêne.

– Des anges! oui! disent Séverine, Florence et Stéphane.

– Dinzinges! dinzinges! reprend un grand canard en ricanant.

– Fé-fan-fes! Fé-fan-fes! scandent tous les merles.

On se bouscule un peu. De la plume et quelques poils s'envolent ici et là. Merlin agite sa baguette de coudrier et le calme revient, comme aux premiers jours du paradis terrestre.

Dans un silence majestueux, Grizzly, l'ours gris, qui sourit de façon étrange en grinçant des dents, s'approche lentement. Tout le monde s'écarte sur son passage et se tient à une bonne distance. Fiflard du haut de son grand chêne ne peut s'empêcher de fiffler :

– Fafenfion! fafenfion!

Merlin va au devant de Grizzly et lui tend un grand bol de vin chaud sucré, parfumé au miel de la forêt de Saint-Arbrousse-Poil. Il connaît la gourmandise de Grizzly et, en effet, Grizzly ne résiste pas! Il avale tout d'un seul trait, y compris la goutte d'*Élixir de bonté* que le malin Merlin a mis dans le breuvage. Le gris Grizzly est grisé du grand grog magique! Il se met à rire et à danser. Merlin lui donne sa plus belle paire de sabots. Et Grizzly danse la «bourrée des laboureurs bourrus», une spécialité de la région.

Merlin va chercher chez lui cent sabots pour tous les amis qui sont là. Des sabots rouges pour Séverine, des bleus pour Florence, des jaunes pour Stéphane, des violets pour Pigou, des noirs pour Grinchoux, des verts pour les grenouilles, des roses pour les canards, de jolis petits sabots multicolores pour les merles, de glos, glos, glos sabots glis pour Grrrizzzly et de gros, grros, grrros, *GRRRROS* sabots rrouges pour Bernard!

Pigou prend son accordéon. Dès les premières notes de musique, les canards chantent en choeur; les grenouilles jouent de l'harmonica; Roussin, le chef de police des grenouilles, joue du violon; le loup, la louve et les loulous, du luth. Stéphane joue d'un piano mécanique qu'il a fabriqué lui-même. *Tout le monde entre dans la danse.* Les pattes des merles emportés par la joyeuse ronde ne touchent plus la piste!

Alors Merlin souriant de bonheur va s'asseoir à la fenêtre de son atelier. Il regarde la jolie fête et recommence à tailler pour les touristes les beaux sabots de bois qui l'ont rendu célèbre à Saint-Arbrousse-Poil et dans le reste du monde.

Fiflard, très ému et un peu fatigué, est retourné s'installer

Le gris Grizzly se met à rire et à danser.

au haut de son grand chêne. En écoutant les échos joyeux de la fête, il rêve à tout ce qu'il va raconter aux enfants de l'école quand il sera instituteur.

L'histoire commencera ainsi, comme toutes les vraies histoires :

Fi fétait fu fois...

Composition chez Jocelyne Laxson